Para

com votos de paz.

Divaldo Franco
Pelo Espírito
Joanna de Ângelis

Momentos de Iluminação

EDITORA LEAL

SALVADOR
5. ED. – 2024

©(1991) Centro Espírita Caminho da Redenção
Site: https://mansaodocaminho.com.br
Edição: 5. ed. – 2024
Tiragem: 3.000 exemplares (milheiros: 25.000)
Coordenação editorial: Lívia Maria C. Sousa
Revisão: Adriano Mota · Lívia Maria C. Sousa · Plotino da Matta
Capa: Cláudio Urpia
Editoração eletrônica e programação visual: Ailton Bosco
Coedição e publicação: Instituto Beneficente Boa Nova

PRODUÇÃO GRÁFICA
LIVRARIA ESPÍRITA ALVORADA EDITORA – LEAL
E-mail: editora.leal@cecr.com.br
DISTRIBUIÇÃO: INSTITUTO BENEFICENTE BOA NOVA
Av. Porto Ferreira, 1031, Parque Iracema. CEP 15809-020
Catanduva-SP.
Contatos: (17) 3531-4444 | (17) 99777-7413 (WhatsApp)
E-mail: boanova@boanova.net
Vendas on-line: https://www.livrarialeal.com.br

Dados Internacionais de Catalogação na Publicação (CIP)
(Catalogação na fonte)
BIBLIOTECA JOANNA DE ÂNGELIS

F825	FRANCO, Divaldo Pereira. (1927) *Momentos de iluminação*. 5. ed. / Pelo Espírito Joanna de Ângelis [psicografado por] Divaldo Pereira Franco, Salvador: LEAL, 2024. 160 p. ISBN: 978-65-86256-44-4 1. Espiritismo 2. Meditação 3. Psicografia I. Divaldo Franco II. Título CDD: 133.93

Bibliotecária responsável: Maria Suely de Castro Martins – CRB-5/509

DIREITOS RESERVADOS: todos os direitos de reprodução, cópia, comunicação ao público e exploração econômica desta obra estão reservados, única e exclusivamente, para o Centro Espírita Caminho da Redenção. Proibida a sua reprodução parcial ou total, por qualquer meio, sem expressa autorização, nos termos da Lei 9.610/98.
Impresso no Brasil | Presita en Brazilo

SUMÁRIO

	Momentos de iluminação	7
1.	A presença de Deus	13
2.	A religião e o indivíduo	21
3.	Opção pela vida	29
4.	Comunicação	37
5.	Idade não cronológica	45
6.	A consciência de si mesmo	53
7.	Caminho da autoiluminação	61
8.	Terapia do autoconhecimento	69
9.	Rumo ao porto seguro	75
10.	Episódios transitórios	83

11.	Ante o tempo	91
12.	Ante a insatisfação	97
13.	Homens vazios	105
14.	Enfrentando o medo	113
15.	Valores terapêuticos	121
16.	Encontro com o amor	129
17.	Lesão da cruz	137
18.	Renúncia plena	143
19.	Túmulos e sobrevivência	149
20.	Firmeza no amor	155

O homem, na faina de amealhar recursos que parecem comprar a felicidade, deixa-se arrastar à consumpção, sem dar-se conta de que a sua não deve ser apenas a meta futura e trabalhosa, senão a alegria de cada momento fruído com a consciência em paz.

O estado de plenitude independe dos valores externos, não obstante estes possam contribuir para o equilíbrio que o propicia.

Em face de uma óptica distorcida em torno dos meios que o levam à realização plenificadora, ele se esfalfa na conquista dos recursos materiais, inquietando-se, incessantemente, e quando logra amealhá-los, está desgastado, quando não se encontra vencido por enfermidades físicas, emocionais e mentais graves, que lhe interrompem a existência corporal ou a desequilibram irreversivelmente.

Os seus momentos são absorvidos pelos interesses respeitáveis, sem dúvida, no entanto, imediatistas, que o consomem e desarmonizam.

O que se tem pode-se perder; normalmente passa de mão, preocupa e desaparece. Todavia, o que se é, quanto às conquistas morais e aos títulos espirituais, tem sabor de eternidade.

Se ficam adormecidos, despertam; se, de momento, parecem não existir, ressurgem...

✦

O grande desafio da vida são as aquisições eternas, e entre estas se destaca a autoiluminação.

O homem iluminado é afável e bom, amoroso e nobre, humilde e inolvidável.

Onde se apresenta, espanca as sombras, por acaso dominantes, deixando sinais de beleza duradoura.

O processo de iluminação, todavia, é lento e exige esforço.

É trabalho de toda hora, insistência de cada instante, empreendimento de curso libertador.

A cada passo, mais aumentam, em quem a busca, a ânsia de claridade, o anelo de conquistas novas.

Todo o empenho deve ser aplicado por consegui-la.

Ela chega suave e espraia-se, dominando a paisagem íntima, assim felicitando o ser.

Este pequeno livro foi escrito com o objetivo de auxiliar todo aquele que pretenda conseguir a própria iluminação.[1]

Em nada inova, não tem a pretensão de originalidade, porém surge como contributo simples para auxiliar aqueles que ainda não encetaram o relevante mister.

A meditação e a consequente vivência do conteúdo de cada capítulo contribuirão para que sejam conseguidos os requisitos essenciais para a paulatina conquista da luz interior que não se apagará jamais.

Formulando votos que estas reflexões auxiliem o caro leitor no saudável empreendi-

---

1. Utilizamo-nos da excursão do médium pela Colômbia, México, Estados Unidos e Porto Rico, entre os dias 16 de janeiro e 9 de fevereiro do corrente ano, em tarefa de divulgação do Espiritismo, e escrevemos estas páginas nos intervalos de que dispúnhamos (nota da autora espiritual).

mento que inicia, rogamos à Grande Luz que nos penetre e felicite com claridade íntima e paz.

Joanna de Ângelis

Salvador, 4 de abril de 1990.

1
A presença de Deus

Iluminação

Em plena glória da Criação, o homem vê, ouve, sente, pensa e, não poucas vezes, dá-se conta da presença de Deus.

Busca-O na dor, roga-Lhe auxílio quando se lhe debilitam as forças, suplica-Lhe soluções para os problemas que engendra, e tomba na revolta caso não seja atendido no que deseja e conforme aspira. A sua imaturidade psicológica supõe-nO um ser com pendores protecionistas e com paixões humanas, capaz de conceder privilégios a uns em detrimento de outros, simultaneamente portador de caprichos que se exteriorizam em indiferença pelas criaturas como desforços e vinganças ao encontrar-se contrariado...

A concepção antropomórfica permanece, ressumando a ideia de um Deus aos homens semelhante.

Normalmente ficam de lado, nos programas de reflexões, os pensamentos e análises sobre a Divindade.

Aqueles que a aceitam fazem-no por automatismo; aqueloutros que a negam não se preocupam em reconsiderar os conceitos. Dizem-se brigados, há muito tempo, decepcionados. Outros, porém, desistem de meditar em torno da questão, porque se creem incapazes de qualquer entendimento.

Nessas diversas posturas mentais defrontamos a acomodação e a indiferença. Para quem assim se comporta, Deus é

Momentos de iluminação • 15

uma questão para oportunamente, para depois...

Alguns indivíduos, que se acreditam intelectualizados, afirmam que já superaram o tema e não têm necessidade de Deus: são autossuficientes. Outros, apegam-se-Lhe com uma fé ingênua, atávica, e não podem passar sem chamar-Lhe o nome, em dependência irracional.

✦

Deus, porém, está em tudo e mantém o Universo.

Desde as Leis Soberanas que governam o Cosmo até aqueloutras que agregam e especificam as micropartículas.

Mais de duzentos bilhões de astros na Via Láctea voluteiam ante a grandeza de cem milhões, aproximadamente, de galáxias, movendo-se no infinito do tempo e do espaço, sustentadas pelo equilíbrio em toda parte vigente.

Universos paralelos, quasares, buracos negros desafiam as mentes humanas, que somente agora os detectam, *misteriosos*, portadores de informações que surpreendem as mais audaciosas concepções sobre a sua origem e a da vida universal.

Mergulhado na incomensurável grandeza da Criação, o homem aceita o fato consumado sem mais amplas e profundas análises.

Se a mente, porém, se detém a considerar o que a rodeia, não pode sopitar considerações e passa a identificar mais proximamente a presença de Deus:

No extraordinário mecanismo do instinto dos animais e na habilidade específica de cada um para a reprodução e a sobrevivência.

Na assimilação clorofiliana dos vegetais e nos mecanismos que levam uma débil raiz a fender uma pedra ou lhe permitem transformar húmus e água em perfume, açúcar e madeira.

No sistema ecológico de preservação da vida e nas multifárias espécies que lhe constituem o harmônico e precioso conjunto.

Na gigantesca força que, periodicamente, irrompe no planeta, reestruturando-o, acomodando-lhe camadas ou canalizando correntes aéreas, a exteriorizarem-se em *calamidades*, tais as erupções vulcânicas, os terremotos, os maremotos, os furacões.

Na previdência que envolveu o orbe com as camadas de oxigênio e ozônio, a fim de que a vida pudesse manifestar-se e manter-se.

Em milhares de razões que estão diante dos olhos e dos demais sentidos, *falando* sobre Deus...

◆

Por outro lado, a reflexão em torno da extraordinária maquinaria eletrônica do cérebro com os seus bilhões de neurônios; das glândulas de secreção endócrinas; dos conjuntos circulatório e respiratório (o primeiro, autorreparador, substituindo capilares e protegendo os cortes com fibrina, mediante coágulos-tampão); do aparelho digestivo com a peculiaridade da enzima ptialina iniciando, na boca, o *milagre* da transformação dos alimentos; dos demais órgãos dos sentidos e toda a gama das percepções paranormais facultam que a presença de Deus se faça captada, sentida e vivida.

Todavia, se alguma dificuldade te surge para entendê-lO, ama-O, entregando-Lhe o coração e a vida, conforme lecionou Jesus com ternura e emoção ao denominá-lO Nosso Pai.

2

A religião e o indivíduo

Iluminação

O conceito de Freud quanto à religião, afirmando que ela é, por si, uma neurose compulsiva, exprime uma reação dogmática negativa, absurda.

A religião oferece métodos de integração da consciência individual e coletiva na Realidade Cósmica, como opção realizadora para o homem mediante a conquista de objetivos mais elevados.

Tivesse razão o nobre psicanalista vienense e se poderia afirmar também que a ausência dela, por si mesma, seria, igualmente, o resultado de uma compulsão neurótica.

✦

Não é a religião que impõe freio, dependência, fuga à liberdade e à capacidade de o homem ser responsável. Porém, os esquemas propostos por alguns religiosos, que elaboram doutrinas castradoras, que proíbem, impõem, cassam os direitos dos seus fiéis, aprisionando-os na urdidura dos seus limites.

Da mesma forma que o homem busca a fé religiosa como processo de certeza, de segurança, o faz em relação à Ciência, nela procurando refúgio, apoio à sua fragilidade, proteção ao seu estado infantil.

A religião propicia amadurecimento psicológico, graças às propostas desafiadoras com que se apresenta.

O crente que se conscientiza dos postulados religiosos que abraça entrega-se a uma dinâmica de maturidade e realização que o propele a conquistas novas: ampliação das aptidões, capacidade de amar, força de trabalho, alegria na luta, compensação emocional diante da dor, espírito de combatividade, calma nas atitudes... A ansiedade cede-lhe passo à harmonia interior, e, sem transferir responsabilidades para Deus, confia no futuro e no seu poder de triunfo.

◆

Há indivíduos que se entregam à *vontade* de Deus, porque resolvem acomodar-se, fugindo à responsabilidade dos acontecimentos que lhes cumpre conduzir. Este é, sem dúvida, um estado de alienação neurótica.

Sucessos e fracassos, mais insucessos certamente, ocorrem-lhes porque, dizem, "Deus assim o quer", quando tudo os convida à realização dinâmica e produtiva do bem com saldos favoráveis para a sua realização.

Outros existem, que permanecem aguardando milagres capazes de lhes alterar o destino, sem a contribuição do seu esforço.

Diversos, portadores de sentimentos de culpa, buscam a *fuga religiosa* como processo escapista para o enfrentamento com a consciência.

Não falta, da mesma forma, quem procure transferir suas responsabilidades para Deus, utilizando-se do processo infantil de ser cuidado por alguém...

Esses crentes são portadores de conflitos, sem dúvida, mas a culpa não é da religião que abraçam, e sim deles próprios.

◆

A religião deve possuir recursos terapêuticos de otimismo, de afirmação para o indivíduo e de identificação pessoal com a vida.

Não se impondo a ninguém, ajuda a discernir quais as melhores metas existenciais e como consegui-las.

Apoiando-se no raciocínio, liberta o homem dos *totens* e *tabus* atávicos, facilmente lhe aplicando as regras éticas de conduta que o tornam seguro e calmo no processo de crescimento íntimo.

Abandonando a ideia de um Deus-homem ou um homem-Deus, o crente assimila o conteúdo da definição do Dr. Paul

Tillich, célebre religioso contemporâneo: "É tão ateu afirmar a existência de Deus como negá-la. Deus é o próprio ser, não *um* ser".

✦

A crença em Deus é também uma forma de dar sentido, dar significado à vida. Desse modo, a atitude religiosa é uma maneira de o homem encontrar motivos superiores para viver, para dignificar a vida e até mesmo para dar a existência por eles, qual ocorre em outras áreas do comportamento humano.

A religião é também responsável por inúmeros impulsos criativos e realizadores, o que a torna essencial à vida.

3
Opção pela vida

Nos atuais dias turbulentos, aumenta, assustadora e consideravelmente, o número dos indivíduos que se negam a viver, a enfrentar os desafios e as dificuldades, fugindo por meio da ingestão de drogas alucinógenas, do álcool, dos excessos desvigorantes, ao prosseguimento da existência corporal.

Ao lado desses programas de autodestruição, surgem os casos dos suicídios psicológicos, nos quais as vítimas se enredam nas teias da depressão, da paranoia, da psicose, da esquizofrenia, sem valor moral para enfrentar os problemas e dificuldades que fazem parte da vida.

O suicídio é o ato sumamente covarde de quem opta por fugir, despertando em realidade mais vigorosa, sem alternativa de escapar.

A vida não se consome na morte física e o fenômeno biológico não é a expressão real do ser.

Como consequência, o ex-suicida reencarnado sempre traz as *matrizes* do crime perpetrado, sofrendo contínua *tentação* de repetir o delito, quando defrontado por dificuldade de qualquer natureza.

A consciência de responsabilidade e segurança não é brindada por automatismo, antes é adquirida a esforço pessoal ingente. Essa aquisição não é lograda de um golpe, mas no dia a dia, no hora a

Momentos de iluminação • 31

hora, através dos pequenos até alcançar os grandes lances.

O indivíduo deve "optar por si mesmo", como escreveu Kierkegaard, o filósofo e teólogo dinamarquês do século XIX.

"Optar por si mesmo" significa o resultado de uma análise cuidadosa da vida e das suas finalidades extraordinárias, representando um esforço para viver, para descobrir-se que existe, e nada, jamais, pode destruir a sua realidade.

Descobrir-se como se é, e aceitar-se, constitui a "opção por si mesmo", trabalhando-se para novos e futuros logros que levam ao cumprimento do seu destino de ser pensante, facultando o discernimento de realizar as suas aspirações fundamentais, essenciais.

❖

É cômodo e trágico fugir psicologicamente da vida, jamais o conseguindo realmente.

O homem faz parte de um conjunto harmônico que constitui a Criação. A sua inarmonia dificulta a ordem, o equilíbrio geral, que ele deve esforçar-se por não desorganizar.

O egoísmo, filho da imaturidade, torna-o exigente quão ingrato, levando-o à rebeldia quando contrariado nas suas paixões infantis, o que lhe propicia as distonias psicológicas e os primeiros pensamentos a respeito do suicídio.

Por outro lado, aparecem indivíduos que se aferram aos objetivos que se lhes representam como vida: amar apaixonadamente alguém, cuidar de outrem, dedicar-se a um labor, a uma tarefa artística ou não, a um ideal ou à abnegação, e que, concluída a motivação, negam-se a viver, *matando-se* emocionalmente e sucumbindo depois...

Estas pessoas não "optaram por si mesmas". Realizaram um mecanismo de transferência, sem que hajam experimentado a beleza da vida e suas ulteriores finalidades.

Quem se considera livre para morrer assume um compromisso com a liberdade para viver.

✦

A "opção por si mesmo" oferece uma alta responsabilidade para com a vida, um encanto novo para descobrir todas as belezas que estavam sombreadas pelo pessimismo, uma liberdade em alto grau de movimentação.

O amor se lhe expressa mais pleno, porque, amando a si mesmo, irradia este sentimento em todas as direções e preenche todos os vazios íntimos com alegria e realização, mediante a autodisciplina, que se lhe torna guia eficaz dos pensamentos e atos libertadores.

4
Comunicação

O instinto gregário induz os animais e os homens à aproximação, em favor da própria sobrevivência, e a comunicação, por mais rudimentar que se apresente, é o veículo de que se utilizam para a convivência. Assim, a comunicação é de alta importância no relacionamento dos seres.

Quanto mais educados, de melhores possibilidades dispóem os indivíduos para se comunicarem.

A aquisição da palavra ofereceu ao homem inesgotáveis recursos para a exteriorização da criatividade, da beleza, da imaginação, da inteligência e do sentimento.

O bom direcionamento do verbo é responsável pela união das criaturas, pela fraternidade, pela preservação dos valores morais e espirituais da Humanidade.

Quando a palavra se entibia, perdendo o significado e sendo substituída por verbetes que expressam apenas vulgaridade e desapreço, a sociedade cambaleia e o homem estertora.

Neste sentido, a cultura hodierna conseguiu logros dantes jamais sonhados, e a Ciência e a arte da comunicação, graças à informática, oferecem extraordinários recursos para o inter-relacionamento das pessoas. As mensagens visuais e auditivas multiplicam-se em toda parte, convidando ao intercâmbio de toda classe. Como

Momentos de iluminação • 39

efeito, em razão do excesso, defrontamos a poluição pelas imagens e ruídos que impedem a assimilação dos conteúdos, tal o volume assustador mediante o qual se apresentam.

Aturdido, o indivíduo silencia e busca fugir desse tumulto perturbador, a prejuízo das compensações que se derivam da comunicação agradável e ilustrativa.

Há necessidade permanente de estímulos para viver-se com dignidade; de intercâmbio de ideias em favor do crescimento íntimo; de renovação de conceitos e *clichês* pessoais em benefício do autoamadurecimento psicológico, e esses valores defluem de uma boa comunicação.

O enriquecimento vocabular para bem vestir as ideias é de relevante importância e resulta das conversações esclarecedoras, das leituras nobres, dos estudos cuidadosos.

A gíria, os conceitos de duplo sentido, as expressões chãs conduzem ao deterioramento das relações, à agressividade, ao primitivismo. Mesmo aqueles que os usam em momentos de alegria facilmente se desajustam e se agridem, dando campo a cenas lamentáveis, em face da comunicação infeliz.

Por outro lado, a vulgaridade cria um *idioma* dentro do idioma, a fim de expressar o grotesco e pernicioso da personalidade enferma, assim comprazendo o *ego* que se sente realizado no pequeno grupo onde reina.

✦

Não fales apenas por falar.

A boa comunicação resulta da qualidade do tema e da forma como se apresenta; da sinceridade com que se o expõe, assim como da motivação de que se reveste.

Não é necessário que a voz tonitruante ou melosa o traduza, mas sim a naturalidade sempre oportuna em qualquer circunstância.

Fala e escreve com real desejo de fazer-te entendido, tornando tua palavra uma mensagem permanente quão agradável.

O verbo, a serviço da vida, é operário do progresso, da felicidade, do bem geral.

Aprende também a ouvir, de modo a não atropelares o teu interlocutor como se a palavra a ti somente pertencesse. Enquanto ouças, raciocina, coordena ideias para que a comunicação se torne simpática e proveitosa.

Por timidez ou mau humor, evita a atitude de silêncio constrangedor. Há momentos em que ele se impõe. No entanto, discreto, produzindo compreensão.

Muitos silenciam e falam, enquanto outros com muitas palavras nada dizem.

✦

A comunicação verbal de Jesus, porque exarada mediante conceitos de forma simples e conteúdo profundo, permanece atual, sensibilizando quantos lhe tomem conhecimento.

O otimismo, a esperança, a advertência benéfica defluem das Suas palavras, que objetivam ajudar, iluminar, libertar os ouvintes.

A comunicação escrita de Paulo, seu apóstolo, é um reservatório de austeridades, diretrizes e comentários que perpetuam no coração dos leitores a herança evangélica aplicada no cotidiano.

Sem subterfúgios, sem florilégios excessivos, Jesus e Paulo permanecem como símbolos da boa comunicação para todos os homens.

Trava relações de amizade com ambos e comunica-te com o teu próximo, irradiando alegria e paz como eles o faziam.

5
Idade não cronológica

A tua é a idade espiritual que te assinala a evolução, refletindo-se no teu comportamento emocional e intelecto-moral.

As novas experiências te ensejarão retificação de conduta, se equivocada, burilamento interior e ampliação das possibilidades inesgotáveis que jazem adormecidas.

A idade cronológica vale pelas conquistas logradas, pelos relacionamentos adquiridos, pela responsabilidade, liberdade e plenitude que consigas interiormente.

O homem do mundo, gozador, sem maiores aspirações, estabelece períodos em que a vida parece-lhe adquirir significado, programando-se para essa fase que, ultrapassada, se lhe apresentará depois como tendo sido de breve duração.

Os *anos dourados*, demitizado o período juvenil, são os de todas as idades, cada uma delas assinalada pelas suas próprias características. O encanto da infância prolonga-se pelo verdor da adolescência e suas aspirações chegam à idade da razão enriquecidas de conhecimentos e valores éticos, programadores da velhice iluminada pela harmonia e bem-estar.

As atividades que tiveram curso durante a existência culminam na terceira idade, plena de sabedoria e realizações, atuando em favor dos cometimentos eternos, transcendendo ao período em que se esteja vivendo na Terra.

Assim, não são importantes a época e o momento que se vivem, senão pela forma como se os estão utilizando, de que maneira, se produtiva ou geradora de conflitos.

Cada dia oferece nova oportunidade de autorrealização, de avaliação de atitudes, com os seus correspondentes comportamentos, saneadores do mal e estimulantes para o bem.

O indivíduo deve adquirir a percepção de si mesmo, a fim de bem situar-se em qualquer época e lugar, sem desperdício de tempo ou perda da ocasião de integridade real no espírito da vida. Não se alienando, participa das lutas e atividades do momento como da coletividade, sem desorganizar os seus programas íntimos, podendo manter as suas opções como forma de respeito a si mesmo, ao seu grupo social e à vida.

◆

Há quem estabeleça em qual idade irá ser feliz, perdendo todas as ensanchas de sê-lo a cada momento. Mais tarde, passará a sofrer de neurose depressiva, em razão de não a haver fruído suficientemente, deixando-se consumir pelo conflito de que já não pode desfrutar o que *perdeu* ou não dispor mais de forças para repetir a façanha...

Acumula, então, recordações tristes e nega-se a novas alegrias, anulando os valores que possui, enquanto desenvolve conflitos cada vez mais destrutivos.

Cada fase da vida tem os seus percalços e as suas bênçãos. Vivê-los com empatia e entusiasmo é a atitude de quem já amadureceu emocionalmente.

A vida não se detém e o tempo não se interrompe, queira-se ou não. Isso é inexorável.

Pode-se ser pleno na infância e imaturo na idade da razão.

O desenvolvimento dos valores éticos e emocionais não deve cessar nunca, interrompendo-se o homem na marcha que o leva a alcançar mais altos e expressivos índices de conhecimento, de vivência, de atividade.

Assim, o objetivo é viver com consciência criativa, sinceridade e bondade no coração, tornando a existência um hino de louvor que não deve cessar nem mesmo com a morte corporal.

◆

Não consideres instáveis estes tempos, ante o programa que estabeleceste para a tua autorrealização.

Se não dispões de amor e coragem para sobrepô-los às circunstâncias de tempo e lugar, não estás edificando para o porvir.

Seja qual for a tua idade cronológica, concede-te viver o encanto e a beleza próprios, que lhe são inerentes, aplicando os teus recursos nas metas psicológicas e espirituais que deves atingir.

A tua idade ideal é aquela que te propicia mais amplas possibilidades de autodescobrimento, de autoiluminação e de serviços em favor do bem geral.

Esta idade são todas as idades do teu ser eterno.

6
A consciência de si mesmo

O homem vem, a pouco e pouco, perdendo o significado da vida e o senso da sua dignidade.

Permitindo-se desumanizar, a fim de sobreviver na multidão amorfa e violenta, sente necessidade de manter a individualidade, não obstante procure os grupos para o trabalho, a recreação, a autoafirmação.

Esta é uma hora de transição. Encerra-se um ciclo e outro se abre. Inevitavelmente, a decadência de alguns valores arrasta instituições e indivíduos na direção do caos. O significado, o sentido da vida se apresentam como a busca desenfreada de recursos para a segurança e o prazer pessoal. Como consequência, o senso de dignidade se confunde, ameaçando o débil equilíbrio do indivíduo. Estabelecem-se, então, o aturdimento, a desconfiança, a inquietação. O triunfo parece coroar as pessoas corrompidas e exaltar as que se enamoram das paixões voluptuosas do prazer, enquanto os homens justos e cumpridores dos deveres experimentam carências, aflições, problemas.

Diante desse quadro, muita gente se sente vencida, impotente, sem forças para enfrentar a grave situação, deixando-se combalir ou reagindo pela violência, malogrando em ambas as atitudes.

A paisagem moral revela-se como uma perda de fé na dignidade humana,

Momentos de iluminação • 55

ajuizando-se que os valores éticos não constituem base para o êxito nem a consideração do organismo social.

As massas sem líderes, desorganizadas, rumam sem destino, enfrentando o totalitarismo e, desumanizadas, reclamam pela humanização dos seus membros.

Os indivíduos tornam-se estranhos a si próprios, desinteressados, sem identidade.

◆

Integra-te no programa de ascensão das almas.

Participa das atividades gerais, vinculando-te ao grupo social no qual te encontras, e contribuindo para o seu desenvolvimento.

Cultiva o senso de humor e do riso, desmanchando a carranca da insatisfação e da cólera.

Preserva-te como indivíduo, não te deixando devorar pelos apressados. Mediante uma considerável apreciação de ti mesmo, dar-te-ás conta de que és um indivíduo atuante, em uma realidade objetiva, com metas definidas, bem elaboradas. Assim te libertarás de dois adversários: a ansiedade e o vazio.

◆

As pessoas atropelam-se, vitimadas pela ansiedade, buscando o que jamais lograrão mediante esse processo.

Gargalham, fazendo bulha, porque perderam a faculdade de rir. Parecem vencidas por um gás *hilariante*, ocultando o estado ansioso. Ao mesmo tempo a sensação de vazio as atormenta, em razão de os objetivos cultivados haverem perdido o sentido.

A tensão emocional cresce e as implosões tomam-lhes conta, fazendo-as estorcegarem na dor.

✦

A redescoberta do sentido da vida e da reumanização é um avanço histórico na busca da maturidade psicológica, da tomada de consciência de si mesmo.

Jesus, consciente da missão que veio desempenhar na Terra, conclamou as massas à responsabilidade, aos elevados significados da vida, ao mesmo tempo buscou a identidade de cada discípulo, trabalhando pela sua humanização e insistindo na valorização dos conceitos éticos da existência, a fim de levá-lo a uma perfeita integração no programa libertador de si próprio, primeiro, e da sociedade, depois.

O Seu triunfo não foram o aplauso, a aceitação, a glória da mensagem, mas a cruz e o escárnio, ensinando que a consciência de si mesmo somente é conseguida quando o homem se imola nos *madeiros* das paixões, vencendo-as de pé com os braços abertos em atitude de fraternidade amorosa.

7
Caminho da autoiluminação

O homem atinge um alto nível de evolução quando consegue unir o sentimento e o conhecimento, utilizando-os com sabedoria.

Nesse estágio é-lhe mais fácil desenvolver a paranormalidade, realizando o autodescobrimento e canalizando as energias anímicas e mediúnicas para o serviço de consolidação do bem em si mesmo e na sociedade.

O seu amadurecimento psicológico permite-lhe compreender toda a magnitude das faculdades parapsíquicas, superando os impedimentos que habitualmente se lhe antepõem à educação.

Desse modo, a mediunidade põe-no em contato com o Mundo espiritual, de onde procede a vida e para o qual retorna, quando cessado o seu ciclo material, ensejando-lhe penetrar realidades que se demoram ignoradas, incursionando com destreza além das vibrações densas do corpo carnal.

O exercício das faculdades mediúnicas, no entanto, reveste-se de critérios e cuidados, que somente quando levados em conta propiciam os resultados pelos quais se anela.

◆

A mediunidade é inerente a todos os indivíduos, em graus de diferente intensidade. Como as demais, é uma

Momentos de iluminação • 63

faculdade amoral, manifestando-se em bons e maus, nobres e delinquentes, pobres e ricos.

Pode expressar-se com alta potencialidade de recursos em pessoas inescrupulosas e quase passar despercebida em outras, portadoras de elevadas virtudes.

Surge em criaturas ignorantes, enquanto não é registrada nas dotadas de cultura.

É patrimônio da vida para crescimento do ser no rumo da sua destinação espiritual.

O uso que se lhe dê responderá por acontecimentos correspondentes no futuro do seu possuidor.

✦

Uma correta educação da mediunidade tem início no estudo das suas potencialidades: causas, aplicações e objetivos.

Adquirida a consciência mediúnica, o exercício sistemático, sem pressa, contribui para o equilíbrio das suas manifestações.

Uma conduta saudável, calcada nos princípios evangélicos, atrai os bons Espíritos, que passam a cooperar em favor do medianeiro e da tarefa que ele abraça, objetivando os melhores resultados possíveis do empreendimento.

O direcionamento das forças mediúnicas para fins elevados propicia qualificação superior, resultando em investimento de saber eterno.

✦

Se te sentes portador de mediunidade, encara-a com sincero equilíbrio e dispõe-te a aplicá-la bem.

O homem ditoso do futuro será um indivíduo *psi*, um sensível e consciente instrumento dos Espíritos, ele próprio lúcido e responsável pelos acontecimentos da sua existência.

Desveste-te de quaisquer fantasias em torno dos fenômenos de que és objeto e encara-os com realismo, dispondo-te à sua plena utilização.

Amadurece reflexões em torno deles e resguarda-os das frivolidades, exibicionismos vãos, comercialização vil, recurso para a exaltação da personalidade ou das paixões inferiores.

Sê paciente com os resultados e perseverante nas realizações.

Toda sementeira responde à medida que o tempo passa.

A educação da mediunidade requer tempo, experiência, ductilidade do indivíduo, como sucede com as demais faculdades e tendências culturais, artísticas e mentais que exornam o homem.

✦

Quem seja portador de cultura, de bondade e sinta a presença dos fenômenos paranormais, está a um passo da realização integral, a caminho próximo da autoiluminação.

Silencia as ansiedades do sentimento e acalma os tormentos, reflexionando em torno das tuas reais necessidades.

Aprofunda a autoanálise e tem a coragem de te desnudares perante a própria consciência.

Enumera as tuas mais graves emoções perturbadoras e raciocina sobre a sua vigência no teu comportamento.

Enfrenta-as, uma a uma, não as justificando, nem as escamoteando sob o desculpismo habitual.

Resolve-te por sanar a situação aflitiva dos teus dias, optando pela aquisição da saúde.

Consciente de que és o que fizeste de ti, e poderás ser o que venhas a fazer de ti próprio, não postergues a decisão do autoencontro.

Enquanto a anestesia da mentira te obnubile o raciocínio, transitarás de um para outro problema, sem que consigas a paz real.

Reunirás valores de fora, que perdem o significado, logo são conseguidos, anelando pelo bem-estar fugidio, que se te anuncia e logo desaparece.

◆

O homem que se conhece possui um tesouro no coração.

O discernimento que o caracteriza é a sua luz acesa no imo, apontando-lhe rumo.

Conhecendo a fragilidade da veste carnal, valoriza cada hora e aplica-a bem, vivendo-a intensamente, em cujo comportamento recolherás os melhores frutos.

✦

Cada vez que te resolvas por te autodescobrires, conduze uma proposta de libertação.

Começa pelos vícios sociais da mentira, da maledicência, da calúnia, do pessimismo, da suspeita, passando aos dramas do comportamento, na inveja, no ciúme, no ressentimento, no rancor, no ódio... Posteriormente, elabora as medidas educativas às dependências aos alcoólicos, ao tabagismo, às drogas alucinógenas, à luxúria, aos distúrbios de conduta e às investidas das alucinações psicológicas...

Cada passo ser-te-á uma conquista nova.

Toda vitória, por pequena que se te apresente, significará um avanço.

Como os condicionamentos são a *segunda natureza*, em a natureza humana, gerarás hábitos salutares, que te plenificarão em forma de equilíbrio e paz.

◆

Toda terapia eficiente impõe disciplinas saudáveis, às vezes ásperas, cujos resultados chegam à medida que são utilizadas.

Na do autodescobrimento, a coragem e o interesse pela própria realização facultarão as forças para que não desistas no tentame, nem te entregues à acomodação mental que te informa ser impossível executá-la.

Começa-a hoje e agora, aguardando que o tempo realize, na cura, o ciclo que investiste para que se te instalassem os distúrbios.

9
Rumo ao porto seguro

O homem necessita emergir dos condicionamentos negativos a que se entrega, buscando a realização pessoal e o desenvolvimento da sociedade da qual é membro relevante.

Para esse fim, torna-se-lhe indispensável o conhecimento da própria personalidade, o controle dos impulsos e resíduos dos hábitos antigos, a busca do Eu eterno e uma programação saudável para a reconstrução da sua identidade.

O conhecimento da própria personalidade é um desafio admirável e estimulante, que não deve ser adiado.

Não basta um exame complacente das debilidades, tampouco uma análise severa dos deveres, transferindo-se para estados patológicos de fuga pela depressão ou mediante a rebeldia.

Faz-se necessária uma busca das causas do comportamento consciente e dos fatores que o induzem aos estados infelizes.

Isso será feito através de uma penetração no inconsciente, para ali encontrar os *fantasmas* persistentes das frustrações e medos, dos problemas infantis não solucionados, e até mesmo de algumas *matrizes* de outras reencarnações que interferem no comportamento atual. Todos esses mecanismos retidos no inconsciente são responsáveis pelo exaurimento das suas forças, pela paralisação dos esforços em favor do equilíbrio e por ideias obsessivas, perturbadoras.

Serão identificadas, ao mesmo tempo, as imensas possibilidades adormecidas, os tesouros da criatividade e da coragem, as vocações e capacidades que permanecem esmagadas por medos injustificáveis e conflitos facilmente superáveis.

✦

O controle dos impulsos e resíduos dos hábitos antigos é de grande importância, porquanto estabelece novas metas a serem conquistadas e conduz à superação de todo o *lixo* acumulado na personalidade, a exsudar miasmas.

O que o indivíduo desconhece funciona como força dominadora, embora se possa controlar tudo quanto consegue levar à desidentificação.

O conhecimento de uma fraqueza moral, às vezes, leva-o a admitir que está vencido, o que é um erro básico, ou que não dispõe de forças para a batalha. Há sempre energias desconhecidas, em potencial, que podem e devem ser movimentadas.

Todo impulso pode ser canalizado de forma positiva, e os resíduos ancestrais devem ser diluídos mediante as novas ações estabelecidas.

Indispensável, pois, desintegrar as imagens residuais perniciosas e conduzir bem as energias liberadas.

◆

O verdadeiro Eu é imortal e evolve através das reencarnações, atuando pelo amor e pelo conhecimento para o desabrochar do *Deus interno*, que nele jaz aguardando oportunidade.

Para esse cometimento, os valores espirituais e religiosos desempenham papel importante, por facultarem métodos de introspecção e ação capazes de vencer o *ego* e abrir espaços para as identificações ideais.

Esse esforço, ao invés de isolar os indivíduos, aproxima-os uns dos outros, desenvolvendo a solidariedade e o interesse de iluminação que devem a todos atingir.

Aquele que empreende esse desiderato a ele se afeiçoa de tal forma que passa a viver em sua função, sem abandonar, naturalmente, os demais deveres que executa com alegria, maneira feliz de exteriorizar a sua identidade superior, iluminada.

Por fim, elabora um programa de comportamento para a sua plena identificação, sua realização psicológica, sua libertação.

As dores não mais o mortificam nem desanimam. Antes, motivam-no a crescer conforme afirmou Heine: "O meu grande sofrimento eu converto em pequenas canções"; ou Milton, cego, escrevendo com júbilo o seu incomparável *Paraíso perdido*; ou Mesmer, expulso de Viena, prosseguindo com as suas experiências em torno do fluidismo e do magnetismo.

✦

Certamente, não atingirás de uma vez esta meta.

O esforço desenvolvido e o exercício continuado te auxiliarão a prosseguir, graças às pequenas vitórias que irás registrando e ao bem-estar de que te sentirás inundado.

Urge que rompas as amarras com a comodidade ou a depressão, com a revolta ou a má vontade; que te resolvas crescer e ser feliz.

Jesus viveu em toda plenitude o amor e ensinou como se poderá segui-lO através das lições que nos legou.

Assim, não te detenhas no passado, porquanto hoje é dia novo, e amanhã é o porto feliz que deves conquistar a partir de agora.

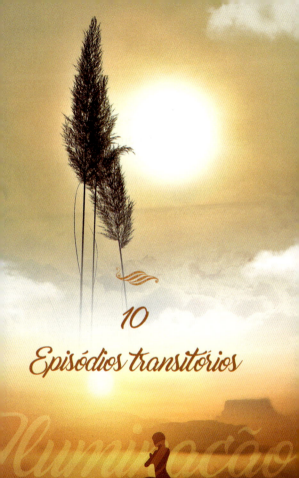

Nas raízes profundas dos distúrbios e doenças que afligem a criatura humana, encontramos causas de natureza espiritual, muitas vezes escamoteadas, escondidas sob os escombros de diversos fatores degenerativos.

Nunca será demasiado repetir-se que o Espírito é sempre o responsável pela carga de mazelas que lhe pesam no transcurso da reencarnação.

Gerador de atos reprocháveis no passado, recolhe as suas consequências no presente, a se manifestarem em variadas expressões, com o objetivo de contribuir para o despertamento do equivocado ou para proporcionar-lhe recuperação dos erros.

Seja como for, cada Espírito reencarna, na Terra, atrelado aos seus valores transatos, que lhe constituem motivo de ascensão, através dos sofrimentos e das realizações de enobrecimento.

Simultaneamente, os desafetos então gerados não silenciam a animosidade no olvido ou no perdão, especialmente se se trata de pessoas vingativas, perversas ou atrasadas moralmente.

Graças a isso, iremos encontrar, na gênese profunda de muitas enfermidades, especialmente naquelas denominadas mentais, a presença da obsessão como fator desencadeante do problema ou como agravante a complicar-lhe o quadro.

Todos os pacientes que estertoram nas enfermidades físicas e mentais são, por sua vez, endividados que se enquadram nos severos dispositivos das Leis Divinas, a fim de que se retemperem na luta e se liberem das culpas que conduzem.

Nesses indivíduos devedores existem *matrizes* que facilitam o intercurso psíquico com os seus parceiros de outrora, hoje em renhida oposição, e por cujo meio lhes descarregam as energias deletérias que terminam por desarmonizar-lhes o corpo, a mente e perturbar-lhes a alma.

Não negando a gênese estudada pelos nobres pesquisadores terrestres, na fauna microbiana, nos fenômenos psicopatogênicos e outros, anotamos estes que são de natureza cármica.

Não desconhecemos que, nas crises de identidade, nos conflitos, nos complexos e em muitas outras alienações mentais, estão embutidos os resultados das conturbações psicossociais, socioeconômicas, sociomorais; todavia, a percepção mediúnica em distonia responde pela vinculação com Entidades perturbadoras e ociosas, que ainda se comprazem na ignorância do dever e no desrespeito à harmonia que deve existir em todos e em toda parte.

O processo terapêutico de recuperação depende principalmente do enfermo, a partir do momento em que este se resolva por mudar de atitude moral e mental em relação à vida, a si próprio e ao seu próximo.

O direcionamento mental e moral correto proporciona o reequilíbrio que, a pouco e pouco, se instala nos painéis do psiquismo e nos órgãos do corpo físico.

Posteriormente, ou de forma simultânea, a orientação evangélica aos desencarnados que perseveram nas más inclinações auxiliá-los-á a despertar para a realidade na qual se encontram, alterando-lhes, por vontade própria, o comportamento.

Sem desconsiderarmos os tratamentos compatíveis nas áreas da Ciência médica, o esforço pessoal e o cultivo do otimismo como a ação do bem são de relevantes resultados para a cura necessária.

◆

Diante de qualquer alteração negativa no ritmo da tua saúde, faze um balanço dos teus atos e busca o fator desencadeante do processo enfermiço.

Se o não encontrares nos dias atuais, conscientiza-te de que vem de ontem...

Ninguém sofre sem razão justificável, pois que, se tal ocorresse, estaríamos diante de uma aberração da Justiça de Deus.

De imediato, propõe-te à higiene moral e mental, abrindo-te ao amor, que gera saúde, e à confiança em Deus, que a sustenta, prosseguindo em harmonia durante o tratamento que se te faça necessário.

Recorda que o estado ideal e normal do ser é o de saúde, sendo a doença, o desequilíbrio, o desconforto, apenas episódios transitórios a caminho da recuperação.

11
Ante o tempo

Generaliza-se o hábito de adiar realizações, sob justificativas sem cabimento, ocultando-se mecanismos neuróticos da personalidade em processo de destruição do homem.

Neste sentido, as pessoas parecem detestar o tempo e procuram anulá-lo, utilizando-se de fórmulas escapistas, mediante as quais tudo transferem para depois, em um amanhã de difícil logro.

Subitamente, porém, dão-se conta do acúmulo de compromissos a atender, afligindo-se, e, precipitadamente, intentam dar cumprimento ao que já deveria estar realizado há muito tempo.

O velho brocardo que afirma "o tempo passa" encontra-se decadente, já que, eterno, é sempre o mesmo, sendo as pessoas que o atravessam, qual ocorre com os acontecimentos que nele se manifestam.

Tentar tornar-se insensível ao tempo é fórmula neurotizante, em busca ingênua de ignorar uma realidade iniludível.

Esse mecanismo se manifesta através das fugas psicológicas expressas nos axiomas "passar o tempo", "matar o tempo", qual se este fosse algo indesejável, mortificante, devastador.

✦

Há uma preocupação muito grande em *gastar-se* ou não o tempo, tornando-o uma *coisa* de fácil consumpção. Noutras vezes, diz-se "encher as horas", para delas ver-se livre. E são tomadas providências para tal: bebidas alcoólicas, drogas alucinógenas, tabagismo, sexo, desportos variados, jogos, divertimentos...

Antecipando-se, porém, a todas essas escapadas emocionais, o tempo se apresenta imutável, aguardando...

Com isto, não há, conforme pretendem os ociosos e neuróticos, como adiar os mecanismos de ação da vida ou ignorá-los.

◆

Há quem planeje *anular* os tempos maus através de esperanças que, talvez, não se concretizem, afirmando: "Mais tarde este panorama se modificará", ou "quando eu conseguir um trabalho, ou assim que eu recuperar a saúde"...

◆

Não te facultes as transferências de tempo através de fórmulas anestesiantes em relação à atualidade, omitindo-se quanto aos deveres que te cabe assumir neste momento.

O tempo é a tua oportunidade de realização, que deves aproveitar com empenho.

Períodos haverá mais difíceis, nos quais viverás desafios mais severos.

Quem busca viver bem no futuro, desperdiçando o presente, não alcançará esse porvir ambicionado.

Da mesma forma, viver parado nas evocações do pretérito, é maneira inditosa de perder a ocasião e produzir felicidade.

◆

Certamente, o tempo te proporciona variações emocionais curiosas: na dor, uma hora se estende indefinidamente, enquanto na alegria ela tem a celeridade de um relâmpago.

Viver intensamente é a melhor maneira de o enfrentar, quando ele passará a brindar-te uma dimensão agradável, rápida e feliz.

✦

Cria os teus momentos fecundos, vivendo a realidade conforme se expresse.

O presente é a única dimensão que tens ao alcance.

O que sucedeu existe apenas durante o período que o recordes.

O que virá é incerto.

Jesus ensinou-nos esta conduta fazendo tudo quanto pretendia e emulando-nos a valorizar o hoje em face da sua grandiosa significação.

12
Ante a insatisfação

A insatisfação prepondera no organismo social da Terra, fazendo vítimas que se estiolam em processo de decomposição interior.

As pessoas que sofrem dificuldade econômica rebelam-se ou se entregam à prostração do desinteresse, em lamentável estado de agonia lenta.

As outras, que buscam segurança e dispõem de haveres, projeção e poder na comunidade, experimentam carência afetiva, entregando-se, não raro, a excessos que terminam por entediar, conduzindo-as aos mais sórdidos abusos do desrespeito por si mesmas e pelos outros, exaurindo-se nos alcoólicos, na usança do sexo alucinado, nos tóxicos. O suicídio, direto ou não, é o próximo passo na correria desenfreada.

A insatisfação resulta do desconhecimento das finalidades reais da existência terrestre.

A teimosa negação do homem integral – Espírito, perispírito e matéria – a favor da forma física em que se apresenta é a grande responsável pelo desenfreio que se observa em toda parte.

Como efeito imediato, a insatisfação arquiteta gozos sempre novos, fugas da realidade, cada vez mais espetaculares, não impedindo, entretanto, que as suas vítimas se reencontrem mais cansadas, mais inquietas, menos saciadas.

Momentos de iluminação • 99

A atual liberação dos instintos e dos conflitos, como terapêutica de autoafirmação do homem, mais o torna ansioso quão mais insatisfeito.

✦

O processo de amadurecimento psicológico, portador de serenidade para o indivíduo, no entanto, é diferente dos cômodos métodos de aparente solução imediata.

Primeiro, é necessário disciplinar a vontade, após descobrir que se encontra em um estádio da vida, a caminho de nova etapa a conquistar.

Logo depois, buscar as motivações próprias para a luta que deve travar no seu mundo íntimo, a fim de encontrar-se, equipando-se de equilíbrio, de discernimento para os confrontos inevitáveis do futuro.

Não ter pressa na colheita de resultados, mas evitar o postergamento das ações.

Uma vida plena é rica de criatividade, de experiências, de informações e de belezas.

Em todas as situações, afirmar-se como aprendiz, valorizar o ensejo e adquirir o controle sobre elas.

Nunca desistir do programa iluminativo.

◆

Observa as pessoas a tua volta: os saciados, os insatisfeitos, os *felizes*, os atormentados. Não se detêm em uma análise que lhes resulte benéfica. Transferem-se de uma para outra situação, automaticamente, apressadas, sem que digiram as experiências vivenciadas ou programem as porvindouras.

Não amadurecem os sentimentos, porquanto as sensações e as emoções perturbadoras têm predomínio em suas vidas.

Algumas são invejadas, porque prepotentes ou famosas; no entanto, vivem insatisfeitas com a situação que desfrutam, distantes da realização interior.

Várias afirmam que acreditam na imortalidade da alma. Todavia, a sua não é uma crença consciente, trabalhada pela razão, vívida. É uma chama bruxuleante, que não emite quase claridade, nem aquece os sentimentos, a caminho da extinção sob os ventos contínuos do inconformismo.

Se a dor tenta convidá-las à reflexão, ao aprofundamento da crença, reagem, sentindo-se defraudadas por Deus e pela vida, que parecem não as poupar do sofrimento, como se fossem especiais, credoras de todas as alegrias sem esforço.

Não as lamentes, não as imites.

Elas aprenderão com o tempo, este mestre invencível, silencioso e eficaz, que a tudo e a todos transforma.

◆

A insatisfação de Anás e de Caifás gerou neles a inveja e o ódio contra Jesus.

A insatisfação de Judas fê-lo vender o Amigo.

A insatisfação de Pilatos, entediado, manteve-o indiferente, lavando as mãos quanto ao destino do Justo.

A insatisfação de Pedro tornou-o pusilânime e negador. Porém, despertando do letargo, reassumiu a consciência do amor e do dever, entregando-se-Lhe em regime de totalidade até a morte.

Lembra-te deles e não te permitas a insatisfação, seja qual for o motivo com que ela te busque o apoio.

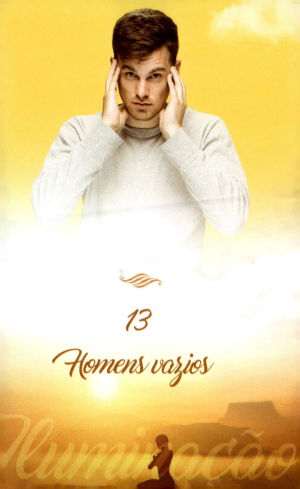

13
Homens vazios

Em uma sociedade injusta, que é o fruto amargo da cultura materialista, o homem vê-se massificado, desconhecido, com a sua identidade desnaturada, sem objetivo.

Os esforços que empreende são dirigidos para metas que se caracterizam pelo imediatismo responsável pelas necessidades comuns, sem o apoio dos ideais compensadores, que iluminam a vida e dão-lhe significado.

Acomodando-se aos padrões absorventes do cotidiano, ele se sente comprimido pela ansiedade que o aturde, sem encontrar solução para os estados conflitivos da personalidade que o assaltam.

Torna-se, em consequência, *homem vazio*, verdadeiro espectro que se movimenta no grupo social, que participa das atividades corriqueiras, sem que viva as emoções que dão beleza e significado à dignidade de ser senciente.

Em torno dele agrupam-se outros que sofrem a mesma enfermidade, que mal disfarçam as suas aflições, mediante conversas que primam pela banalidade dos temas ou derrapam nas conceituações da promiscuidade moral em voga.

Quando a conversação perde o tom do agradável e útil, o comentário proveitoso e sadio, o grupo social apresenta-se enfermo, em decomposição de sentido e de propostas.

A vida inteligente emerge dos objetivos que constituem a manutenção do corpo e a continuidade das suas sensações.

Pairam, em nível mais alto e mais ambicioso, os ideais de construção do bem, de criatividade nobre, de rendimento emocional dignificante, que se tornam essenciais na vida dos indivíduos. A ausência desses elementos responde pela impermanência da identidade psicológica de cada um, arrojando-o ao despenhadeiro do vazio íntimo.

O *homem vazio* não consegue amar, porque não aprendeu a viver essa faculdade, base do comportamento de ser livre. Adaptou-se a ser amado ou disputado, sem preocupação de retribuir.

Imaturo, antes reagia às expressões da emotividade nobre, preferindo o jogo arbitrário das sensações. Nele havia a preocupação de ser conhecido, de receber convites, de encontrar-se presente nas reuniões sociais, não porque estas lhe fizessem bem, porém, por medo da solidão, de ser esquecido... Em tais reuniões, a convivência emprestava brilho ao seu *ego*, em face da tagarelice, do consumo de alcoólicos, do tabagismo, que significavam *status* elevados.

Assim, sem identidade, o *homem vazio* é uma pessoa morta.

✦

Há muita gente sem previdência, que inveja as *pessoas colunáveis, vazias*.

Não que seja um mal participar da sociedade e preocupar-se com a projeção da personalidade no grupamento social. Só que a maioria desses indivíduos-mitos é formada por solitários que se buscam, sem que se tornem solidários que se ajudam.

Disputam homenagens e guerreiam-se entre sorrisos, no desfile do luxo e do exibicionismo, nos quais escondem os conflitos, quando assim o fazem, e as profundas necessidades afetivas.

Tal conduta leva-os à melancolia e à depressão, ou a lamentáveis estados de irritabilidade, de mau humor, que os tornam rudes, insuportáveis na intimidade, embora considerados sociáveis e educados.

Essa ambiguidade no comportamento culmina com a instalação de neuroses que se agravam, desestruturando-os a médio prazo.

O homem acumula *vácuo*, porque se sente impotente para alcançar plenitude.

Acostumando-se à competição nos negócios, nos relacionamentos, espera ser o primeiro, o mais considerado. Se o logra, esvazia-se, de imediato. Quando não o consegue, frustra-se, perdendo-se da mesma forma.

Os conflitos se instalam e ele se desama, deixa de sentir, de viver. Transfere-se, emocionalmente, para a ribalta do desespero e da futilidade.

Este mecanismo de evasão mais o aturde, porque o desnatura.

Pode-se, de certo modo, afirmar que estes são dias de *homens vazios, homens-sombra.*

◆

Se já travaste contato com as lições de Jesus, poderás insculpi-las no comportamento, transferindo-te do estado de vácuo para o de realizações.

Compreenderás o significado da tua existência e saltarás o abismo que te ameaça, preenchendo as tuas lacunas emocionais com o idealismo que deflui do amor, base da plenificação humana.

Viverás em sociedade sem conflitos íntimos e a elegerás por afinidade de propósitos e fins, começando a instalar aí e no coração *o Reino de Deus*, iluminado e pleno. E o farás porque terás por modelo e guia Jesus, o Homem-Luz de todos os tempos.

14
Enfrentando o medo

A tristeza que se te insinua, dominando, a pouco e pouco, as paisagens vivas da tua existência, é sinal de alarme a que deves dar atenção. Ela resulta dos fenômenos contemporâneos do medo e da ansiedade que vives na conjuntura evolutiva. Necessitas observá-los sob uma óptica profunda, de modo a erradicar-lhes as causas, liberando-te da sua constrição.

O medo, até certo ponto, é uma reação natural ante o desconhecido e se expressa de variadas formas no cotidiano.

A iminência de um acontecimento desagradável, a surpresa em uma situação que parece insustentável, a expectativa por uma resposta que talvez seja negativa fazem-se acompanhar de um receio normal, que se pode transformar em ansiedade controlada.

O medo do escuro, de fantasmas, de tragédias revela vinculação com o período infantil, do qual o indivíduo ainda não se libertou, e que deve superar através da afirmação pessoal advinda da lógica, da razão e do esforço para o amadurecimento emocional.

Referimo-nos, no entanto, a este receio que aumenta e exorbita, levando a estado de quase paroxismo, em decorrência dos acontecimentos de pequena monta ou de expectativas que produzem taquicardias, sudorese abundante, colapso periférico, expressando o desequilíbrio psicológico.

Passada a crise, advêm os efeitos em forma de melancolia, de depressão, caminhando para os estados mais graves.

É nesta fase que o organismo se torna mais susceptível à instalação de doenças psicossomáticas, tais os distúrbios digestivos, as úlceras, os problemas cardíacos...

A ansiedade pode manifestar-se de maneiras diversas e é responsável por muitos outros males que afetam a saúde e o bem-estar pessoal.

◆

A mais excelente terapia contra o medo e a ansiedade é a irrestrita confiança em Deus, que criou a vida com objetivos elevados.

A dor não é de origem divina. Tem raízes na rebeldia humana. Quando aparece noutras espécies de seres, é fenômeno degenerativo dos corpos que devem passar por transformações inevitáveis.

A confiança em Deus, igualmente, deve ser racional, e não uma herança psicológica, sem estruturação na experiência dos fatos que nos demonstram a Sua realidade.

Compreendendo que a finalidade da vida é o bem, o homem dá-se conta de que é o responsável por tudo quanto lhe acontece, portanto, cabendo-lhe trabalhar com afã para produzir causas cujos resultados felizes o alcançarão mais tarde.

Isto posto, adquire a certeza de que somente lhe acontece aquilo que é necessário para a sua evolução, deste modo, equipando-se de valores ético-morais

Momentos de iluminação • 117

para enfrentar as enfermidades, os dissabores, os insucessos, com coragem, eliminando o medo e vencendo a ansiedade patológica.

◆

Reflexiona com calma a respeito do medo e seus sequazes.

Busca-lhes as causas e passa-as pelo crivo da razão, intentando penetrar nos seus fundamentos. Eles podem ter raízes em problemas morais e espirituais do passado.

Sejam, porém, de que ordem forem, exercita-te, mentalmente, nos processos para a sua eliminação.

Ora a Deus, entregando-te a Ele em atitude dinâmica, sem os prejuízos de uma beatitude inoperante.

Dispõe-te a enfrentar qualquer situação com o pensamento otimista. Se o resultado for negativo, considera-o valioso pela experiência que te advirá.

Medita com calma a respeito de tua existência, permitindo-te crescer emocionalmente.

Libera-te da compressão da posse, treinando solidariedade e caridade.

Recorda-te de que nunca estás a sós; que ninguém vive em solidão, exceto aqueles que se encerram no egoísmo, na depressão... Mesmo estes estão acompanhados por Espíritos que lhes compartem a *casa mental*, a emoção perturbada.

Faze a experiência de te brindares com o bem e constatarás que medo e ansiedade alguma resistem ao amor que provém do Infinito Amor, assim te libertando da tristeza e do sofrimento injustificado.

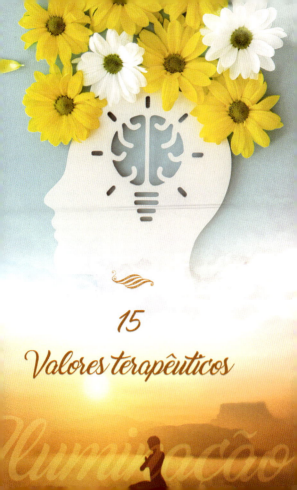

Paulo, o excelente apóstolo, lúcido e nobre, além de invulgarmente inspirado, era um profundo conhecedor da alma humana.

Suas epístolas desvelam-no e apresentam-no como um psicólogo portador de conhecimentos que, na atualidade, ainda mantêm seu caráter de terapia preventiva quão curadora para os mais variados males.

Vivendo em uma época de violência e agressividade, na qual predominavam o abuso do poder e o desprestígio da criatura humana, suas palavras, repassadas de sabedoria, são ricas de otimismo, estabelecendo regras para a própria identificação de cada indivíduo, bem como para o seu amadurecimento psicológico, graças às quais se pode autolibertar.

Austero consigo mesmo e doce ante o dever, não regateava concessões ao erro gerador de desequilíbrio da mente e do corpo, convidando os conversos a uma atitude renovada, com real abandono das paixões e emoções perturbadoras, que são matrizes dos sofrimentos que desarmonizam os homens.

✦

Escrevendo aos Tessalonicenses (I-5:11 a 26), propõe toda uma estrutura de fraternidade, com autoconhecimento enriquecido de alegria e de paz no coração.

Momentos de iluminação • 123

Textualmente, suas palavras parecem retiradas de um tratado moderno de *relações públicas*, de Psicologia transacional e transpessoal, com vistas a uma vida feliz. Leiamo-las:

Por isso, consolai-vos reciprocamente e edificai-vos uns aos outros, como o estais fazendo.

Mas vos rogamos, irmãos, que conheçais bem aqueles que trabalham entre vós, sobre vós presidem no Senhor e vos admoestam, e que os prezeis muito em amor por causa do seu trabalho.

Tende paz entre vós.

Nós vos exortamos a que admoesteis os insubordinados, consoleis os desanimados, suporteis os fracos e sejais longânimes para com todos.

Vede que ninguém retribua a outrem mal por mal, antes segui sempre o que é proveitoso entre vós e para com todos.

Alegrai-vos sempre.

Orai sem cessar.

Em tudo dai graças, porque esta é a vontade de Deus em Cristo Jesus para convosco.

Não extingais o Espírito.

Não desprezeis as profecias, mas ponde tudo à prova.

Retende o que é bom.

Abstende-vos de toda a forma do mal.

O mesmo Deus de paz vos santifique em tudo, e o vosso Espírito, alma e corpo sejam conservados completos, irrepreensíveis para a vinda de Nosso Senhor Jesus Cristo.

Fiel é aquele que vos chama e ele também o é.

Irmãos, orai por nós.

Saudai a todos os irmãos com ósculo santo.

✦

Todos esses ensinamentos estão centrados nos mais avançados códigos de saúde mental e de equilíbrio moral.

Mediante uma análise correta, chega-se à conclusão de que muitos dos conceitos hodiernos em favor do inter-relacionamento pessoal sadio parecem retirados do texto em referência, como de outros da sua pluma de ouro.

Havendo sido vítima do próprio como do ódio alheio, compreendeu a excelência do amor e aplicou as técnicas para cultivá-lo no coração.

Desprezado, inúmeras vezes, fortaleceu o ânimo na oração e na irrestrita confiança em Deus, que jamais desampara aqueles que O buscam.

Médium de invulgares faculdades, recomendou respeito ao Espírito e, identificando os elementos que constituem o homem – *Espírito, alma e corpo* – ou em termos atuais – Espírito, perispírito e matéria –, propôs o equilíbrio moral como recurso terapêutico para a saúde total e a construção do templo eterno, no íntimo, no qual o Senhor Jesus habitará sublimando os sentimentos e as realizações do indivíduo.

16
Encontro com o amor

Na sociedade contemporânea, conforme sucedeu na passada, o amor é um fenômeno emocional, que só raramente se expressa. Pelo menos, o amor na sua profunda significação.

Há variadas colocações para o amor que não passam de sentimentos confusos e buscas atormentadas, não significando ser a real conquista da evolução do indivíduo.

A palavra tem sido utilizada para mascarar estados íntimos desequilibrados e, não poucas vezes, para ocultar objetivos escusos.

Certamente existe o amor dos pais pelos filhos e destes por aqueles; o amor dos cônjuges e da família; da participação nas atividades solidárias; à Ciência, à arte, ao desporto, à fé... No entanto, na maioria das vezes, o fenômeno do amor é atormentado, esvaziado, assinalado por altibaixos, sem a profundidade necessária para resistir aos vendavais dos acontecimentos humanos.

Ocorre que, num contexto de pessoas solitárias, conformistas ou rebeldes, há um receio injustificado de amar, a fim de cada uma poupar-se aos problemas do envolvimento afetivo que sempre se apresenta nesses relacionamentos.

Com a predominância do egoísmo, todos pretendem ser amados, não, porém,

Momentos de iluminação • 131

dispondo-se a amar, apesar das queixas em torno da questão.

Diversos sentimentos e interesses se apresentam na química moderna do amor, que se expressa sem os conteúdos reais da sua manifestação.

Normalmente, o amor é confundido com os impulsos sexuais, raramente amadurecidos e quase nunca portadores de objetivos construtivos. Torna-se uma mistura de interesses vulgares, com predomínio da busca das sensações a prejuízo das emoções enobrecidas.

Imprescindível, portanto, não confundir estas manifestações, dando-lhes as denominações correspondentes, que nada têm a ver com o amor.

✦

O amor é um sentimento que brota espontâneo e deve ser cultivado, a fim de que se desenvolva, realizando o mister a que se destina.

Floresce através de ações benéficas, capazes de gerar alegria, bem-estar e progresso.

É altruísta sem alardear suas metas, impregnando todos aos quais se dirige.

Se não se deriva dos sentimentos profundos da alma, gera hostilidade, irritando-se facilmente e malogrando nas suas manifestações.

Quando o amor se exterioriza do coração, produz um encantamento em relação à pessoa querida, com altas doses de empatia responsável pelos sentimentos de doação, de sacrifício, de beleza.

É autoperceptivo, afirmando as suas mais belas possibilidades.

Momentos de iluminação • 133

Libera o ser amado, que se movimenta sob estímulos enobrecedores, não exigindo servidão, antes impulsionando o outro ao crescimento emocional, moral e espiritual.

Não permite a dependência, que se torna um mecanismo de apoio, jamais uma forma de realização plenificadora.

◆

A Humanidade registra a abnegação de homens e mulheres notáveis, cujas vidas, iluminadas pelo amor, tornaram-se exemplos edificantes, inolvidáveis.

Assim, aprende, também a amar.

Deixa que o sentimento da amizade se irise de ternura e cresça em forma de amor. Com ele, tranquiliza-te, permitindo que a alegria do encontro te constitua emulação para o prosseguimento.

Quem experimenta o amor nunca mais é o mesmo.

Constatarás que o amor é a meta que deves alcançar, entregando-te à sua realização, cada vez mais fácil e atraente, felicitando-te e a Humanidade em cujo contexto te encontras.

17
Lesão da cruz

Ainda hoje, o cristão decidido encontra dificuldades de vária ordem, a fim de manter pulcro o ideal esposado.

Incompreendido, repentinamente se vê qual ilha solitária no tumulto das multidões aturdidas.

A sua conduta é vista sob suspeição e suas palavras padecem interpretação incorreta, que se deriva de má vontade geral.

São falseados os seus propósitos, e uma conspiração quase generalizada busca bloquear-lhe os passos.

Mesmo entre os coidealistas, experimenta desafios na área do relacionamento fraternal.

Se é coerente com a mensagem de que se faz beneficiário, é tido por intransigente.

Se acata as opiniões diferentes, embora sem concordar com elas, é considerado pusilânime.

Se fala com sinceridade, expressando o que pensa, é chancelado de rude.

Se silencia e observa, é posto na conta de covarde ou de conivente.

Não há, por enquanto, lugar na Terra para o discípulo fiel do Evangelho.

As suas provas, decorrentes do passado, constituem-lhe *espinho* íntimo cravado no cerne da alma.

Ao seu lado, os *acúleos-tentação* afligem-no, ameaçando, a cada passo, a sua marcha ascensional.

A dor é-lhe companheira constante, mutilando-lhe as asas da ilusão, o que lhe resulta em benefícios excepcionais. Todavia, a sua é uma busca profunda, na qual são dispensáveis os atavios e engodos das fantasias.

Tido, às vezes, como masoquista, não foge do sofrimento, mas, igualmente, não o busca.

Encara-o com naturalidade, na condição de instrumento de libertação do *ego*, das emoções e paixões perturbadoras, que lhe constituem retentiva no processo de iluminação pessoal.

✦

Afirmou Jesus, sem margem a interpretação dúbia: "Quem quiser vir comigo, tome a sua cruz e siga-me".

O convite descarta as habituais evasivas da comodidade e as justificativas do desculpismo tradicional.

A cruz, posta sobre os ombros e conduzida, dilacera as carnes em que se apoia.

Se for retirada antes do tempo e da chegada ao Calvário, a ulceração ficará exposta.

Geradora da ferida, é também a sua cicatrizadora, encarregada de recompor os tecidos dilacerados.

A lesão provocada pela cruz mais tarde se torna estrela a fulgir, apontando o rumo.

Nunca recues ante a dificuldade.

Não esmoreças, defrontando a dor.

Conduze, confiante, a tua cruz até o monte libertador.

Quem a deixa no caminho, buscando poupar-se ao sofrimento, retornará a buscá-la, pois que, sem ela, ficará interrompido o acesso ao *reino* da consciência tranquila.

Diante de alguém sobrecarregado, sê-lhe cireneu, emulando-o à condução ditosa.

Não o iludas com a necessidade de liberar-se antes do tempo. Encoraja-o a seguir adiante.

Jesus, que não tinha qualquer dívida a ressarcir, sob o peso da cruz, aceitou a ajuda do estranho, no entanto levou-a, Ele próprio, ao topo da subida, onde a plantou, deixando-se nela imolar para ensinar-nos coragem e libertação.

18
Renúncia plena

Aquestão da renúncia aos bens materiais é de muita relevância no comportamento da criatura humana.

Sem ela a vida se torna insuportável, gerando apegos que se transformam em elos de escravidão, jungindo o ser a coisas de valor transitório incapazes de proporcionar plenitude, estado de paz interior.

Por sua vez, o apego às posses, sob o disfarce da necessidade de segurança, é dos mais temíveis adversários do indivíduo, porque responde pelo medo da perda, pela sistemática desconfiança em relação aos amigos e conhecidos, por fim, pela insatisfação que sempre se instala em quem possui, atormentado pelo desejo infrene de ampliar os recursos.

A renúncia impõe-se como medida saudável de equilíbrio, responsável pela preparação do Espírito para o momento da libertação do corpo.

O hábito de renunciar às coisas materiais leva o candidato à necessidade do autoburilamento, da renovação moral, liberando-se das paixões e emoções perturbadoras, a fim de conseguir a própria iluminação, sem a qual os objetivos superiores da vida ficam defraudados.

✦

De certo modo, o treinamento para a renúncia das posses terrenas predispõe a

Momentos de iluminação • 145

mudanças de atitude moral entre as pessoas e a vida.

Há quem facilmente se desprende de determinados objetos, adotando a generosidade no intercâmbio fraternal, mas tem terrível dificuldade de ceder, quando se trata de valores apaixonantes, caprichos, pontos de vista, orgulho...

Pessoas bondosas sob um aspecto às vezes surpreendem pelo rigor do temperamento que não desculpa, não esquece ofensas, mantém ressentimentos, cultiva o ódio, anela por desforço...

O hábito de quebrar cadeias materiais proporciona a saudável oportunidade de renunciar aos propósitos malsãos, inferiores, que denotam *dureza de coração*, primarismo evolutivo.

◆

Fascinado por Jesus, um jovem rico propôs-se a segui-lO.

O Mestre, que o conhecia, impôs--lhe ser necessário que ele vendesse tudo quanto possuía, distribuísse o resultado com os pobres, após o que poderia acompanhá-lO.

Reflexionando, o moço deu-se conta de que tal esforço não lhe era demasiado. No entanto, recordou-se da sua posição social, dos compromissos assumidos, das injunções em que se encontrava e afastou-se, desanimado...

✦

Treina a renúncia total, iniciando-a com as coisas de pequena monta.

Libera-te de alguma posse, transfere recursos que te sobram, doa excessos e te habilitarás a ofertar também o necessário, preparando-te para a renúncia a ti mesmo, responsável pela tua libertação de tudo e de todos.

A renúncia plena começa no gesto pequeno da oferta e do desprendimento aos bens do mundo, a fim de alcançar a doação total.

19
Túmulos e sobrevivência

A primitiva cultura greco-romana estabelecia que a imortalidade da alma era fruída pelo ser, após o sepultamento, no lugar eterno em que deveriam permanecer unidos o Espírito e o corpo, embora a putrefação cadavérica.

As exéquias eram realizadas dentro de estritos rituais, nos quais se confortava a alma do desencarnado, prometendo-se-lhe alimentos, conforto, armaduras e vestuário, culminando-se com os votos de que *a terra lhe fosse leve*.

Ainda hoje, por atavismo, mantêm-se em lápides tumulares as inscrições que asseveram ali estarem as pessoas, e não os despojos que elas haviam utilizado...

Com os filósofos idealistas, o conceito da imortalidade assumiu o seu verdadeiro sentido, e surgiram as primeiras colocações sobre a continuação da vida nos *Campos Elísios* ou no *Tártaro*, conforme a conduta do indivíduo mantida na Terra, credenciando-o ao merecimento da ventura ou da desgraça *post mortem*.

Lentamente, os conceitos orientais sobre *a vida além da vida* e a reencarnação passaram a fazer parte do comportamento ético e filosófico, tornando-se precioso legado para a posteridade.

Atualmente, graças aos equipamentos da investigação científica, o que permanecia apenas como herança cultural, religiosa e mística pôde ser confirmado, propiciando admirável contributo à psicologia transpessoal para o atendimento do homem e sua promoção espiritual.

A sobrevivência à morte parecia um conceito mitológico; a sua crença, que servia de pretexto para fugas emocionais, agora se torna um fundamento poderoso para despertar no homem os valores que lhe dormem latentes e ajudá-lo a encontrar sua identidade de ser eterno, avançando na direção de seu destino feliz.

✦

O homem, que ampliou os horizontes do conhecimento de maneira fascinante, saindo na direção do mundo exterior, agora se volta para o que antes era o *insondável* de si mesmo, e *implode o ego*, usando os poderosos meios do autoconhecimento, da meditação, da oração e da ação feliz para redescobrir a vida.

Faz uma releitura do Evangelho de Jesus e incorpora-o ao cotidiano.

Dedica-se a um reexame dos valores sobre os quais edificou suas crenças e renova-se.

Aplica-se a um reestudo da existência e descobre-lhe a vera finalidade, que é ensejar-lhe crescimento moral e intelectual, para a plenitude, optando, então, pelos recursos eternos.

A visão cultural e científica da atualidade abrange o homem integral, e não apenas o corporal, impulsionando-o para a sua fatalidade histórica, que é a perfeição relativa que o aguarda.

Jesus afirmou: "Quando eles (os discípulos) se calarem (por medo ou conivência com o erro), as pedras (sepulcros) falarão"...

...E os *mortos*, que permanecem vivos, livres da prisão tumular, convocam os homens à grandeza estelar, para que saiam das sombras onde estertoram e alcancem as cumeadas da luz onde se glorificarão.

20
Firmeza no amor

Deixa que o amor te luarize o íntimo e aprenderás o real significado da tua existência.

Sob a sua inspiração, terás alento para enfrentar as vicissitudes, porque compreenderás que a transitoriedade dos acontecimentos leva à meta final da felicidade.

Inspirado pelo seu conteúdo, disporás de paciência e coragem para os desafios ásperos do caminho e as agressões da brutalidade que, não raro, tentam interceptar a marcha do bem.

Com ele no coração, cantarás a melodia da esperança e alterarás a conduta, não revidando mal por mal.

O amor é de origem divina.

Ínsito em todas as coisas, é emanação de Deus vitalizando a Criação.

✦

Quando o amor se afasta do homem, estruge a desesperação, aparece a suspeita, predomina o crime, e o ódio intoxica a vida.

O homem sem amor é qual embarcação sem leme, à matroca.

✦

Difícil a vida, quando destituída de amor.

Herdeiro da agressividade ancestral, o homem reage, enquanto o amor o ensina a agir com correção. Como efeito, somente quando se ama é que se alcança a maioridade, a superior finalidade da existência.

Assim, faze uma pausa no turbilhão de conflitos e atividades nos quais te debates, e ausculta o amor. Ele te falará de bênçãos não fruídas e alegrias ainda não experimentadas, que te despertarão para as emoções libertadoras.

Banha-te, portanto, nos rios invisíveis do Amor de Deus e deixa-te arrastar pela sua correnteza...

✦

Jesus, ensinando libertação plena, estabeleceu no amor a Deus e ao próximo a condição única e poderosa para o homem ser feliz.

Ama e dulcifica-te, porquanto somente o amor propicia a luz do entendimento e o repouso da paz.